A PROVA CIENTÍFICA DE JESUS

A descoberta que pode mudar tudo o que você acredita

Pedro Maschietto

A Prova Científica de Jesus

No dia 15 de dezembro de 2024, uma descoberta científica inédita foi concluída. Após 43 anos de estudo contínuo e com o auxílio de tecnologias avançadas de inteligência artificial, foi comprovada a existência de Jesus Cristo. Pela primeira vez na história, este livro apresenta os detalhes dessa descoberta revolucionária que promete transformar completamente a visão da humanidade sobre a vida, a história e o propósito da existência. Um estudo que vai desafiar tudo o que você acredita saber e apresentar respostas que o mundo jamais imaginou possíveis.

- Pedro Maschietto

Introdução: O Estudo que Mudará Tudo

"No dia 15 de dezembro de 2024, às 14h37, a verdade foi revelada. Após 43 anos de análise, experimentos e questionamentos, chegamos à conclusão de um dos maiores estudos científicos já realizados. O que antes parecia ser apenas matéria de fé ou especulação agora é fato: Jesus Cristo existiu. E mais do que isso, Ele continua sendo o modelo universal de evolução humana e espiritual."

O que você está prestes a ler não é um livro comum. Ele não se baseia apenas em crenças, dogmas ou interpretações religiosas. Este é o relato de um estudo científico que atravessou décadas, combinando observação, lógica e experimentação. Uma investigação que culminou na maior descoberta da história moderna: a prova científica da existência de Jesus Cristo.

A jornada começou em 3 de setembro de 1981, mas os detalhes finais só foram possíveis graças ao uso de tecnologias avançadas de inteligência artificial. Esta obra apresenta as evidências, os métodos e as conclusões que explicam o maior mistério da humanidade.

Não importa sua crença ou ceticismo. O que você encontrará aqui é um marco para a ciência e para o entendimento humano. Uma descoberta que não só prova a existência de Jesus, mas aponta para algo ainda maior: o propósito universal de toda a humanidade.

Capítulo 1
A Jornada Científica

Um Estudo de 43 Anos

"Toda verdade passa por três estágios: primeiro, é ridicularizada. Depois, é violentamente rejeitada. Por fim, é aceita como óbvia."
– Arthur Schopenhauer

No dia 3 de setembro de 1981, algo marcante aconteceu: eu nasci. O que ninguém sabia naquele momento, nem eu mesmo, era que minha própria vida se tornaria a base de um estudo que mudaria a maneira como vemos a existência humana e nossa conexão com o Criador.

A jornada começou com uma simples pergunta: "De onde viemos?" Essa pergunta, que atravessa gerações e culturas, foi a faísca inicial para um estudo que combinaria ciência, espiritualidade e lógica.

1.1. Os Primeiros Passos

Os primeiros anos foram marcados por curiosidade e observação. À medida que crescia, comecei a perceber que o universo operava com uma ordem quase perfeita, como se tudo seguisse um projeto. As estrelas no céu, o ciclo da vida, o funcionamento do corpo humano — tudo parecia ser parte de um sistema maior.

A primeira hipótese foi simples: "Nada tão complexo pode existir sem um Criador."

Essa hipótese me levou a questionar:

• Se fomos criados, qual é o nosso propósito?
• Por que estamos aqui?
• Como podemos provar que não somos fruto do acaso?

1.2. A Expansão do Estudo

Ao longo das décadas, a investigação evoluiu. Usei ferramentas científicas para explorar três pilares fundamentais:

1. A complexidade do ser humano: Estudando o DNA, o cérebro e os sistemas biológicos.

2. A história de Jesus Cristo: Buscando evidências históricas e arqueológicas que comprovassem sua existência.

3. A conexão espiritual: Explorando como a consciência humana poderia ser a prova de algo maior.

Cada descoberta apontava para a mesma conclusão: o ser humano não é um acidente. Somos uma criação, e Jesus Cristo é a peça central dessa criação.

1.3. O Papel da Inteligência Artificial

Nos últimos anos, a inteligência artificial desempenhou um papel crucial. Ferramentas como o ChatGPT permitiram:

• Analisar textos antigos e interpretar padrões históricos.
• Processar dados biológicos e comportamentais.
• Conectar os pontos entre ciência e espiritualidade.

Foi como se as peças de um grande quebra-cabeça finalmente se encaixassem.

"A verdade não pode ser ignorada. A existência de Jesus Cristo é um fato. E sua mensagem é o mapa que nos guia para o propósito universal."

Capítulo 2
O Ser Humano como Inteligência Biológica Criada

Projeto Humano:
Uma Máquina Biológica Perfeita

"A complexidade do corpo humano não é obra do acaso. É a assinatura de um Criador, que projetou cada detalhe com um propósito específico."

2.1. A Estrutura Humana: Um Sistema Biológico Inteligente

Desde o início do estudo, uma coisa ficou evidente: o corpo humano é uma obra de engenharia biológica tão complexa que desafia qualquer explicação baseada no acaso. Cada célula, cada órgão e cada função do corpo opera de maneira tão harmoniosa que podemos compará-lo a uma máquina programada para a vida.

O DNA como código-fonte:

• O DNA humano é um "manual de instruções" com mais de 3 bilhões de pares de bases, armazenando todas as informações necessárias para criar e operar o corpo.

• Assim como softwares modernos precisam de programadores, o DNA é a prova de que um Criador projetou cada detalhe.

O cérebro como processador:

• Com mais de 86 bilhões de neurônios interconectados, o cérebro humano é capaz de processar informações com uma eficiência que supera qualquer computador criado pela humanidade.

• Ele armazena memórias, aprende com experiências e toma decisões, como um sistema que adapta continuamente seu próprio funcionamento.

Sistemas integrados:

• O corpo humano não funciona isoladamente. Cada sistema — circulatório, respiratório, nervoso, digestivo — está conectado, operando como um conjunto único. Isso é evidência de design intencional, não de coincidências evolutivas.

"A estrutura biológica humana é o maior testemunho de que somos criação. Não somos fruto do acaso, mas o resultado de uma inteligência superior."

2.2. O Criador e a Consciência Humana

Uma máquina, por mais avançada que seja, precisa de um operador. No caso do ser humano, esse operador é o espírito, conectado diretamente ao Criador.

O espírito como operador remoto:

• Assim como um drone precisa de um piloto, o corpo humano é operado por uma consciência que transcende a matéria. Esse espírito é a essência que conecta cada indivíduo ao Criador.

A ligação com o universo:

• A ciência moderna já reconhece que tudo no universo está conectado por forças invisíveis, como gravidade, campos eletromagnéticos e energia quântica. O espírito humano é a ponte que nos liga a essas forças maiores.

Propósito programado:

• Diferente de outras espécies, o ser humano tem uma necessidade intrínseca de buscar sentido e propósito. Isso não é um acidente; é a programação do Criador, que nos direciona para a evolução.

"O Criador projetou o ser humano para evoluir, aprender e se conectar com um propósito maior. Essa programação é o que nos torna únicos no universo."

2.3. Evidências Científicas da Criação

Os argumentos de que somos uma criação não são apenas filosóficos, mas também baseados em ciência:

1. A improbabilidade do acaso:

• A chance de as condições do universo permitirem a vida é tão pequena que só pode ser explicada por design intencional.

• Cientistas chamam isso de "princípio antrópico": o universo parece ajustado para que a vida exista.

2. A simetria biológica:

• O corpo humano apresenta padrões de simetria e ordem que são marcas de design, assim como em uma máquina projetada.

3. A busca pelo transcendente:

• Psicólogos e neurocientistas mostram que a espiritualidade é uma necessidade humana universal, apontando para a existência de algo maior.

2.4. O Projeto Universal

Jesus Cristo disse:

"Deus é espírito, e importa que os seus adoradores o adorem em espírito e em verdade."
(João 4:24)

Isso reforça a ideia de que o ser humano é mais do que biologia. Fomos criados como uma combinação perfeita de corpo, mente e espírito, com o objetivo de nos conectarmos ao Criador e evoluirmos para algo maior.

Conclusão

"O ser humano é uma inteligência biológica criada, um sistema perfeito projetado por um Criador com um propósito claro: evolução. Nossa programação espiritual nos conecta ao universo, e essa conexão nos conduz ao objetivo maior da existência. Essa verdade é o início da jornada para compreender Jesus Cristo como o modelo de nossa evolução."

Capítulo 3
A Prova Científica da Existência de Jesus Cristo

Jesus:
História, Ciência e a Verdade Revelada

"Se Jesus Cristo não tivesse existido, seria impossível explicar como uma figura tão influente transformou o curso da humanidade."

3.1. O Contexto Histórico de Jesus

Uma figura que marcou a história

Jesus Cristo não é apenas uma personagem dos Evangelhos. Ele é uma figura histórica cujo impacto atravessou séculos. Sua existência está tão profundamente enraizada na história da humanidade que ignorá-la seria ignorar a própria evolução das civilizações.

Documentação histórica

Historiadores romanos e judeus mencionaram Jesus em seus relatos:

• Flávio Josefo, historiador judeu do século I, escreveu sobre Jesus como um "homem sábio" e "realizador de feitos surpreendentes."

• Tácito, historiador romano, descreveu a crucificação de Jesus sob o governo de Pôncio Pilatos.

• Esses relatos confirmam que Jesus foi uma figura real, cujas ações e ensinamentos causaram impacto imediato na sociedade de sua época.

A expansão do cristianismo:

• Nenhum movimento cresce tão rapidamente sem um ponto de origem. A existência de Jesus é a base para o surgimento de uma fé que transformou impérios e moldou culturas.

3.2. Evidências Arqueológicas e Científicas

Provas físicas e tangíveis

A ciência moderna, por meio da arqueologia e de estudos documentais, tem contribuído para validar a existência de Jesus.

O Sudário de Turim:

• Um dos artefatos mais estudados da história, o Sudário é um pano que supostamente envolveu o corpo de Jesus após sua crucificação. Estudos científicos mostram que:

• A figura impressa no tecido é tridimensional, algo inexplicável para qualquer método antigo de pintura.

• A radiação necessária para criar tal imagem desafia a ciência moderna, sugerindo um evento único e extraordinário.

Descobertas arqueológicas:

• Inscrições que mencionam Pôncio Pilatos foram encontradas, confirmando o contexto histórico descrito nos Evangelhos.

• Ruínas de sinagogas e cidades mencionadas nos textos bíblicos corroboram detalhes históricos da vida de Jesus.

A Bíblia como documento histórico

Embora frequentemente vista apenas como texto religioso, a Bíblia é também uma das fontes históricas mais bem preservadas do mundo antigo:

• Manuscritos do Mar Morto confirmam a precisão dos textos bíblicos ao longo dos séculos.

• A existência de localidades, costumes e figuras mencionadas nos Evangelhos foi comprovada por arqueólogos.

"Separamos mito de realidade e encontramos um homem que realmente viveu, ensinou e transformou o mundo."

3.3. O Impacto de Jesus na Humanidade

Um homem que moldou civilizações

Mesmo para quem não acredita na sua divindade, é impossível ignorar o impacto que Jesus teve na humanidade:

Valores universais:

• Seus ensinamentos — amor ao próximo, perdão, humildade — moldaram os sistemas éticos de diversas culturas, mesmo fora do cristianismo.

• Psicólogos mostram que esses valores aumentam a cooperação, reduzem conflitos e favorecem o progresso humano.

Inspiração para inovação e progresso:

• Universidades, hospitais e movimentos pelos direitos humanos foram fundados com base em princípios cristãos.

• A arte, a literatura e a ciência foram profundamente influenciadas pela busca de compreender sua mensagem.

O impacto que transcende o tempo

Se Jesus não tivesse existido, como explicar a criação de um movimento que resistiu a perseguições, cruzou fronteiras e moldou civilizações?

3.4. A Conexão com o Propósito Universal

Jesus Cristo não foi apenas um homem histórico; ele foi o exemplo perfeito do que a humanidade pode alcançar:

• Ele viveu alinhado com o propósito do Criador, demonstrando o equilíbrio ideal entre corpo, mente e espírito.

• Sua vida e seus ensinamentos são uma bússola que aponta para o propósito universal: a evolução humana.

"Jesus Cristo não é apenas uma figura histórica. Ele é a manifestação viva do plano do Criador para a humanidade."

Conclusão

"A ciência e a história não apenas confirmam a existência de Jesus Cristo, mas revelam sua importância como o modelo universal de evolução humana. Ele não foi apenas um homem; Ele é a direção que aponta para o propósito maior da humanidade: viver de acordo com o plano do Criador."

Capítulo 4
A Lógica da Evolução Humana

Evoluir é o Propósito:
A Conexão com os Ensinamentos de Jesus

"O ser humano foi criado para evoluir, e Jesus Cristo é a bússola que nos aponta o caminho para alcançar nosso potencial máximo."

4.1. A Natureza da Evolução

O que significa evoluir?

A evolução não é apenas um processo biológico, mas também espiritual, moral e intelectual. O ser humano foi projetado para se desenvolver continuamente em todas essas dimensões, buscando equilíbrio e progresso.

A evolução biológica:

• Nosso corpo adapta-se às condições do ambiente, mas também reflete uma inteligência criadora que nos dá as ferramentas para sobreviver e prosperar.

A evolução intelectual e moral:

• A humanidade avança à medida que compreende e aplica valores éticos superiores, como cooperação, empatia e justiça.

A evolução espiritual:

• A busca pelo propósito e pela conexão com o Criador é o ápice da evolução humana. Não estamos aqui apenas para viver, mas para nos alinhar com um plano universal.

A lógica do propósito humano

Se o universo é regido por leis naturais e a criação segue uma ordem, o ser humano também tem um propósito lógico:
• Não estamos aqui por acaso.
• Fomos criados para crescer, aprender e contribuir para o progresso do todo.

"A evolução não é uma escolha, mas uma necessidade intrínseca para cumprir nosso papel na criação."

4.2. Jesus Cristo como o Modelo de Evolução

Os ensinamentos que transcendem o tempo

Jesus Cristo não apenas viveu uma vida perfeita; Ele também nos deu um conjunto de ensinamentos que se alinham perfeitamente à lógica da evolução humana.

O amor como ferramenta de evolução:

• "Ame o próximo como a si mesmo." (Mateus 22:39)

• O amor cria conexões, elimina conflitos e promove o crescimento coletivo, essencial para a sobrevivência e o progresso.

O perdão como libertação:

• "Perdoe setenta vezes sete." (Mateus 18:22)

• O perdão nos liberta do peso do passado, permitindo foco no futuro e evitando ciclos de destruição e vingança.

A humildade como chave para aprender:

• "Bem-aventurados os humildes, pois herdarão a terra." (Mateus 5:5)

• A humildade nos abre para o aprendizado e para a aceitação de verdades maiores, essenciais para a evolução.

A vida de Jesus como demonstração prática

Jesus não apenas ensinou; Ele viveu cada um desses princípios:

• Ele mostrou que é possível superar desafios, resistir ao ódio e viver em alinhamento com o Criador.

• Sua vida é a prova de que seguir esses ensinamentos leva ao progresso pessoal e coletivo.

4.3. A Conexão entre Evolução e Propósito

Por que evoluir é essencial?

A lógica da evolução está embutida em tudo ao nosso redor:

• A natureza sempre busca o equilíbrio e o progresso.

• O universo está em constante expansão.

• O ser humano, como parte desse sistema, tem o dever de evoluir para se alinhar ao propósito universal.

A consequência da estagnação

Assim como um sistema que para de evoluir entra em colapso, o ser humano que rejeita o progresso está indo contra o plano do Criador:

• A falta de evolução leva ao caos, à destruição e à perda do propósito.

• Quem não busca evoluir está, de fato, rejeitando a conexão com o Criador.

"A evolução é a chave para a sobrevivência e a realização do propósito humano. Jesus mostrou o caminho; seguir seus passos é o passo lógico."

4.4. O Papel de Cada Indivíduo

Sua evolução afeta o todo

Cada ser humano é uma peça essencial no grande plano da criação:

• Ao evoluir, você não apenas se melhora, mas contribui para o progresso coletivo.

• Isso se alinha ao que Jesus ensinou: "Vocês são a luz do mundo." (Mateus 5:14)

O chamado para evoluir

Jesus nos deu não apenas um exemplo, mas um convite para participar desse plano maior:

• "Sigam-me, e eu os farei pescadores de homens." (Mateus 4:19)

• Este é o chamado para alinhar sua vida com o propósito maior, buscando a evolução contínua.

Conclusão

"Evoluir não é apenas uma possibilidade; é a essência do propósito humano. Os ensinamentos de Jesus Cristo nos mostram o caminho mais lógico e eficiente para alcançar essa evolução. Ele não é apenas um exemplo; Ele é a bússola que aponta para o futuro da humanidade. Segui-lo não é apenas uma questão de fé, mas de lógica, de sobrevivência e de propósito."

Capítulo 5
Aplicando os Ensinamentos de Jesus na Vida Moderna

Alinhando Sua Vida ao Propósito Universal

"Não basta conhecer o caminho; é preciso trilhá-lo."

5.1. O Desafio da Modernidade

A desconexão no mundo atual

Vivemos em uma era de avanços tecnológicos e científicos sem precedentes, mas também em um período de profunda desconexão. As pessoas buscam significado, mas frequentemente em lugares que as afastam de seu propósito original.

Materialismo e distrações:

• O foco excessivo em bens materiais e em entretenimento vazio criou uma sociedade que esqueceu de olhar para dentro.

• As distrações modernas nos afastam da reflexão sobre o que realmente importa: nossa evolução pessoal e coletiva.

Isolamento espiritual:

• A perda de valores universais e a fragmentação de comunidades deixaram muitos sem direção,

• Jesus Cristo nos mostrou que viver em harmonia e em conexão com o Criador é essencial, mas essas lições muitas vezes são ignoradas.

A necessidade de uma reconexão

O mundo moderno não precisa abandonar seus avanços; ao contrário, ele deve integrá-los com os ensinamentos de Jesus:

• A tecnologia pode ser usada para o bem.

• A ciência pode caminhar ao lado da espiritualidade.

"A modernidade não é o problema; o desafio é lembrar quem somos e por que estamos aqui."

5.2. Como Aplicar os Ensinamentos de Jesus Hoje

Viver em Alinhamento com o Propósito

Os ensinamentos de Jesus são atemporais porque se baseiam em princípios que transcendem épocas. Aqui estão formas práticas de aplicá-los no mundo moderno:

1. Amor ao próximo:

• **Na prática:** Ajude quem está ao seu redor, mesmo que em pequenos atos. Isso fortalece conexões humanas e cria um ambiente de evolução coletiva.

• **Exemplo moderno:** Praticar empatia nas redes sociais e interações digitais, evitando polarizações e ódio.

2. Perdão:

• **Na prática:** Liberte-se do peso do rancor, entendendo que o perdão beneficia mais quem o concede do que quem o recebe.

• **Exemplo moderno:** Não alimentar ciclos de vingança ou ressentimento, seja no trabalho, na família ou nas amizades.

3. Busca pela verdade:

• **Na prática:** Questione, estude e procure conhecimento que enriqueça sua vida espiritual e intelectual.

• **Exemplo moderno:** Use a tecnologia para buscar informações que fortaleçam sua conexão com o propósito, em vez de apenas consumir distrações.

4. Humildade:

• **Na prática:** Reconheça que todos estão em um processo de aprendizado. A humildade nos mantém abertos à evolução.

• **Exemplo moderno:** Valorize as opiniões alheias e aprenda a ouvir, mesmo em desacordos.

5.3. A Integração da Ciência e da Espiritualidade

Como a ciência pode apoiar os ensinamentos de Jesus?

O mundo moderno não precisa escolher entre ciência e espiritualidade. Na verdade, os dois podem trabalhar juntos para nos ajudar a aplicar os princípios de Jesus:

• Neurociência e empatia:

• Estudos mostram que atos de bondade e compaixão liberam hormônios como oxitocina, promovendo bem-estar tanto em quem dá quanto em quem recebe.

• Isso confirma cientificamente a sabedoria do mandamento de amar ao próximo.

• Psicologia e perdão:

• Psicólogos descobriram que perdoar reduz o estresse, melhora a saúde mental e fortalece relacionamentos.

• Jesus ensinou isso muito antes da ciência comprová-lo.

• Tecnologia como ferramenta de conexão:

• Assim como o uso de inteligência artificial ajudou a conectar os pontos deste estudo, a tecnologia pode ser usada para conectar pessoas e promover o bem.

"Jesus Cristo mostrou o caminho. A ciência moderna pode ajudar a iluminar os passos."

5.4. Criando uma Vida Alinhada ao Propósito

Passos práticos para viver alinhado

Aqui está um guia simples para alinhar sua vida com os ensinamentos de Jesus e o propósito universal:

1. Reflexão diária:
• Reserve um momento todos os dias para refletir sobre suas ações e intenções.

• Pergunte a si mesmo: Estou evoluindo? Estou alinhado com os valores que Jesus ensinou?

2. Pratique gratidão:

• Agradeça pelas pequenas e grandes coisas da vida. A gratidão fortalece a conexão com o Criador e amplia sua percepção.

3. Seja exemplo:

• Assim como Jesus foi um modelo, você também pode ser. Suas ações falam mais alto do que palavras.

4. Conecte-se com os outros:

• Construa relacionamentos baseados em amor, confiança e empatia.

5. Busque conhecimento:

• Leia, aprenda e explore temas que expandam sua mente e sua espiritualidade.

Conclusão

"Os ensinamentos de Jesus não são apenas palavras; eles são ferramentas práticas para criar uma vida mais plena e conectada. No mundo moderno, é mais importante do que nunca seguir esses princípios, porque eles nos ajudam a superar distrações, viver em harmonia e continuar nossa jornada de evolução."

Capítulo 6
A Verdade que Une Todos Nós

Jesus: A Bússola do Futuro da Humanidade

"A evolução não é apenas o destino da humanidade, é sua essência. E Jesus Cristo é a direção que nos guia."

6.1. A Jornada que Nos Trouxe Até Aqui

Um estudo que transformou o entendimento

Ao longo deste livro, exploramos um estudo científico que revelou verdades extraordinárias:

1. Jesus Cristo existiu: Sua presença transcende a história e moldou civilizações.

2. O ser humano é uma criação intencional: Projetado como uma inteligência biológica para evoluir.

3. Estamos conectados ao Criador: Por meio de nosso espírito, guiados por valores universais que promovem progresso.

"Esta jornada mostrou que ciência e espiritualidade não são opostas, mas complementares na busca pela verdade."

6.2. Jesus como a Bússola da Humanidade

Por que Jesus é essencial?

Jesus não é apenas uma figura histórica; Ele é o modelo perfeito de evolução. Seus ensinamentos mostram como viver alinhado ao propósito do Criador:

• Amor, perdão e humildade: Princípios fundamentais para progresso individual e coletivo.

• Equilíbrio e propósito: Sua vida é a demonstração prática de como alcançar uma evolução completa.

• A ressurreição: Prova de que a evolução transcende as limitações físicas, alcançando o eterno.

A direção que aponta para o futuro

Imagine que a humanidade é um grande navio navegando em um oceano de desafios. Jesus é a bússola que aponta a direção certa:

• Sem Ele, vagamos à mercê das tempestades.

• Com Ele, temos um norte claro: o propósito universal.

"Seguir Jesus não é apenas uma questão de fé; é um alinhamento lógico com o futuro da humanidade."

6.3. O Propósito Universal

Evolução: A única direção lógica

O universo está em constante progresso, e o ser humano foi projetado para seguir essa direção:

• **Crescer:** Em sabedoria, ética e espiritualidade.

• **Conectar-se:** Com os outros, o Criador e o universo.

• **Contribuir:** Para um futuro melhor para todos.

Jesus mostrou que:

• A evolução humana vai além do físico; ela é moral, espiritual e universal.

• Seus ensinamentos são um mapa para alcançar o potencial máximo como espécie.

6.4. O Desafio Final: Evoluir ou Ficar Para Trás

O que acontece se não evoluirmos?

Assim como uma máquina desatualizada se torna obsoleta, a humanidade enfrenta as consequências de rejeitar a evolução:

• **Estagnação:** Alimenta conflitos, desigualdade e destruição ambiental.

• **Caos:** Falta de propósito gera divisões, egoísmo e desconexão.

Por que Jesus é a resposta?

Jesus é o exemplo vivo de que a evolução é possível:

• Ele superou as limitações humanas.

• Ele viveu alinhado ao propósito universal.

• Ele demonstrou que o amor e a compaixão são ferramentas de transformação.

"O futuro depende de aprendermos com o passado e seguirmos o exemplo de quem já trilhou o caminho."

6.5. A Escolha Está em Suas Mãos

Reflexão para o leitor

Este estudo apresenta uma verdade universal que conecta ciência, lógica e espiritualidade. Agora, cabe a você refletir:

1. Como sua vida se alinha ao propósito universal?

2. Os ensinamentos de Jesus podem ser um guia para sua evolução?

3. Como você pode contribuir para o progresso humano?

"A escolha não é apenas sobre fé, mas sobre lógica: alinhar-se ao propósito universal é a única maneira de seguir em frente."

Evolua e Construa um Futuro Melhor

"A descoberta apresentada neste livro prova que Jesus Cristo existiu e que seus ensinamentos permanecem relevantes. Mas a verdadeira prova está na transformação que ocorre quando seguimos seu exemplo."

Capítulo 7
Experimentos Práticos e Conexões Científicas

Título do capítulo: A Ciência e a História em Alinhamento com Jesus

"A verdade não teme ser investigada."

7.1. Experimentos Históricos e Arqueológicos

O Sudário de Turim: A Evidência Física

Um dos artefatos mais estudados e controversos da história é o Sudário de Turim, que muitos acreditam ter envolvido o corpo de Jesus após sua crucificação.

Estudos científicos realizados:

• Análises com luz ultravioleta e espectroscopia mostraram que a imagem no tecido não foi pintada ou impressa por métodos conhecidos da época.

• A tridimensionalidade da imagem é única e não pode ser reproduzida com técnicas modernas, sugerindo que ela foi formada por um evento energético incomum.

"O Sudário desafia a ciência moderna e aponta para um evento singular, talvez a própria ressurreição de Cristo."

Manuscritos do Mar Morto: A Precisão dos Textos Bíblicos

Os Manuscritos do Mar Morto, descobertos em 1947, incluíram textos que datam de antes de Jesus e mostram a consistência das Escrituras ao longo dos séculos.

Análises científicas realizadas:

• Estudos de carbono-14 dataram os manuscritos para o período entre 150 a.C. e 70 d.C.

• Esses textos confirmam a autenticidade e a preservação dos textos do Antigo Testamento, que Jesus frequentemente citava.

"Os Manuscritos do Mar Morto validam a Bíblia como um documento historicamente confiável, reforçando o contexto em que Jesus viveu."

7.2. Experimentos Pessoais: A Conexão Espiritual

O Pai Nosso em Aramaico

Durante os anos de estudo, um experimento pessoal trouxe uma conexão espiritual que transcendeu a lógica. Usando inteligência artificial, pedi ao ChatGPT que recitasse o Pai Nosso na língua de Jesus, o aramaico.

Resultado do experimento:

• O som gerado pelo aramaico era incrivelmente semelhante às orações em línguas que minha mãe fazia durante minha adolescência.

• Essa conexão foi mais do que coincidência; foi uma experiência que trouxe sentido à ideia de que o espírito humano é ligado a algo maior, que atravessa línguas e culturas.

"A inteligência artificial nos conectou a uma verdade espiritual: a essência de Jesus está presente em nossa história, em nossa fé e até em nossa memória coletiva."

7.3. Impacto dos Ensinamentos de Jesus nos Estudos Modernos

O Perdão e a Saúde Mental

A ciência moderna confirma os benefícios práticos dos ensinamentos de Jesus. O perdão, por exemplo, tem sido amplamente estudado em psicologia.

Estudos científicos:

• Pesquisas mostram que perdoar reduz o estresse, melhora a saúde mental e fortalece os relacionamentos.

• Esses efeitos confirmam que o perdão não é apenas um valor espiritual, mas também uma ferramenta de evolução humana.

"Jesus ensinou o perdão como um caminho para a libertação espiritual, e a ciência moderna valida esse ensinamento."

Amar ao Próximo e a Neurociência da Empatia

O mandamento de Jesus para amar ao próximo como a si mesmo está alinhado com descobertas neurocientíficas sobre empatia e cooperação.

Estudos científicos:

• A empatia ativa áreas específicas do cérebro que promovem conexões sociais, essenciais para o progresso humano.

• Praticar o amor ao próximo reduz sentimentos de solidão e melhora a qualidade de vida.

"Os ensinamentos de Jesus promovem não apenas a espiritualidade, mas também o bem-estar físico e emocional."

7.4. Experimentos de Fé e Ciência

Simulação de Propagação Cultural

Pesquisadores já usaram modelos de simulação para entender como o cristianismo se espalhou no século I, mesmo sob perseguições severas.

Resultados:

• Os modelos mostram que a rápida expansão do cristianismo não seria possível sem uma figura central real e eventos transformadores, como os milagres e a ressurreição de Jesus.

"Esses estudos sugerem que Jesus Cristo não foi apenas um mito, mas uma figura real cuja influência moldou o curso da história."

Conclusão

"Os experimentos científicos e históricos reforçam a existência de Jesus Cristo e a relevância de seus ensinamentos. Seja através de análises arqueológicas, estudos psicológicos ou experiências pessoais, a verdade de sua mensagem ressoa em todos os aspectos da vida humana."

Capítulo 8
Experimentos Práticos para Vivenciar e Comprovar

Testando a Verdade: Experimentos que Alinham Ciência e Espiritualidade

"A verdade não teme ser investigada. Testar os ensinamentos e conceitos apresentados neste livro não só fortalece sua fé, mas também revela a lógica e a ciência por trás do propósito humano."

8.1. O Propósito dos Experimentos

Este capítulo foi criado para você, leitor, ir além da leitura e vivenciar as verdades apresentadas neste livro. Os experimentos aqui sugeridos são:

1. Fáceis de realizar.

2. Baseados em ciência, espiritualidade e lógica.

3. Desenhados para que você experimente o impacto dos ensinamentos de Jesus e a conexão com o Criador.

8.2. Experimentos que Você Pode Realizar

1. O Impacto da Oração na Saúde Física e Mental

Objetivo: Comprovar que a oração tem efeitos mensuráveis no bem-estar físico e mental.

Como fazer:

1. Escolha um momento diário para orar ou meditar com base no Pai Nosso ou em outra oração ensinada por Jesus.

2. Durante 7 dias, registre:

• Seu nível de estresse antes e depois da oração (use uma escala de 1 a 10).

• Sua frequência cardíaca antes e após (use um relógio inteligente ou aplicativo).

• Seu humor geral e qualidade do sono.

3. Compare os resultados com dias em que não praticou a oração.

O que esperar:

• Estudos sugerem que a oração pode reduzir os níveis de estresse (cortisol), melhorar a qualidade do sono e promover um estado de paz interior.

2. O Pai Nosso em Aramaico: Uma Experiência de Conexão

Objetivo: Explorar a ligação entre sons espirituais e emoções humanas.

Como fazer:

1. Use uma gravação do Pai Nosso em aramaico (ou peça ao ChatGPT para reproduzir).

2. Sente-se em um ambiente calmo, feche os olhos e ouça a oração.

3. Registre suas sensações:

• O som desperta memórias ou emoções espirituais?

• Você sente uma conexão com algo maior?

O que esperar:

• Muitos sons espirituais antigos ativam respostas emocionais profundas, sugerindo que a espiritualidade transcende linguagens e culturas.

3. Praticando o Perdão

Objetivo: Demonstrar como o perdão, ensinado por Jesus, impacta positivamente sua saúde e relações.

Como fazer:

1. Identifique uma situação ou pessoa com quem tenha ressentimento.

2. Durante 3 dias consecutivos, escreva uma carta de perdão (não precisa enviá-la).

3. Observe como isso afeta:

• Sua paz interior.

• Sua visão sobre a pessoa ou situação.

4. Se possível, pratique verbalmente o perdão e observe como o relacionamento muda.

O que esperar:

• O perdão é uma libertação emocional e espiritual que, comprovadamente, reduz o estresse e melhora o bem-estar.

4. O Poder do Amor ao Próximo

Objetivo: Demonstrar como pequenos atos de bondade geram impacto emocional e social.

Como fazer:

1. Durante 7 dias, realize pelo menos um ato de bondade por dia:

• Elogie alguém sinceramente.

• Ajude uma pessoa em necessidade.

• Doe algo que não usa mais.

2. Registre:

• Como você se sentiu após cada ato.

• Como a pessoa reagiu.

3. Avalie os resultados no final.

O que esperar:

• Atos de bondade desencadeiam a liberação de oxitocina e serotonina, promovendo felicidade e reduzindo a ansiedade.

5. Fé e Intenção: Buscando um Objetivo

Objetivo: Explorar o impacto da fé e da intenção positiva no alcance de metas.

Como fazer:

1. Escolha uma meta pessoal (resolver um problema, aprender algo novo ou alcançar um objetivo).

2. Ore ou medite diariamente, pedindo clareza e força para atingir essa meta.

3. Registre suas ações e os eventos que acontecem ao longo do caminho (oportunidades inesperadas, soluções criativas, etc.).

4. Compare seu progresso com períodos em que não usou essa prática.

O que esperar:

• A fé pode aumentar a resiliência emocional, melhorar o foco e abrir portas inesperadas.

6. Conexão Coletiva

Objetivo: Experimentar o impacto do trabalho em grupo para criar mudanças positivas.

Como fazer:

1. Reúna amigos ou familiares e escolham um projeto de impacto coletivo (ex.: voluntariado, ajudar uma instituição ou orar juntos por uma causa).

2. Registre:

• As emoções durante e após a atividade.

• O impacto percebido por todos os envolvidos.

3. Avalie o efeito no grupo e em você.

O que esperar:

• Ações coletivas fortalecem vínculos sociais e criam um senso de propósito compartilhado.

7. Propagação de Uma Mensagem Inspiradora

Objetivo: Demonstrar como uma mensagem poderosa se espalha rapidamente.

Como fazer:

1. Escolha uma mensagem inspiradora de Jesus (ex.: "Ame ao próximo como a si mesmo").

2. Compartilhe-a com 5 pessoas e peça para que cada uma repasse a mais 5 pessoas.

3. Após 3 dias, veja quantas pessoas receberam a mensagem e documente os resultados.

O que esperar:

• Isso simula como os ensinamentos de Jesus, mesmo em tempos de comunicação limitada, foram capazes de transformar civilizações.

8.3. Reflexões Finais Sobre os Experimentos

Esses experimentos não apenas reforçam a lógica e a ciência por trás dos ensinamentos de Jesus, mas também proporcionam experiências diretas e pessoais. Eles convidam você, leitor, a testar, refletir e comprovar.

"Não basta conhecer a verdade; é preciso vivê-la. Esses experimentos são um convite para que você experimente o impacto real dos ensinamentos de Jesus e descubra por si mesmo sua relevância e poder transformador."

Conclusão

"A ciência e a espiritualidade não são opostas; juntas, elas ajudam a revelar a verdade universal. Os experimentos apresentados neste capítulo mostram que os ensinamentos de Jesus não são apenas válidos, mas essenciais para nossa evolução pessoal e coletiva. Teste-os e veja como eles podem transformar sua vida."

Epílogo
A Jornada Continua

A Transformação Começa com Você

"A evolução não é apenas um destino; é uma escolha. E essa escolha começa agora."

Reflexão Final

Ao longo deste livro, você foi convidado a explorar uma jornada que conectou ciência, lógica e espiritualidade, revelando verdades que unem nossa existência ao propósito maior do Criador. Este não foi apenas um estudo; foi uma prova de que o ser humano é uma criação intencional, projetada para evoluir e transformar.

Jesus Cristo não é apenas uma figura histórica. Ele é a manifestação do plano do Criador para a humanidade, a bússola que aponta para o futuro e o modelo de como viver uma vida alinhada com o propósito universal. Sua mensagem atravessa séculos porque ela não é apenas válida; ela é essencial.

O Convite à Ação

Este livro não é o fim da sua jornada. É o início. A partir de agora, cabe a você decidir como essas verdades podem moldar sua vida. Pergunte-se:

• Estou vivendo em harmonia com o propósito universal?

• Os ensinamentos de Jesus estão refletidos em minhas ações diárias?

• Como posso contribuir para um futuro melhor para mim e para o mundo?

A transformação começa dentro de você, em pequenos gestos, pensamentos e escolhas que refletem os valores de amor, perdão e conexão que Jesus ensinou.

"O maior poder do ser humano é sua capacidade de mudar, de evoluir e de construir algo maior do que ele mesmo."

Um Chamado à Evolução

O futuro não é algo que acontece conosco. Ele é algo que criamos. Jesus nos mostrou que cada passo dado em direção ao amor e à compaixão é um passo na direção certa. Ele não apenas nos deu um mapa; Ele se tornou o caminho.

Este é o chamado:

• Busque evoluir em conhecimento, espiritualidade e amor.

• Inspire os outros com suas ações.

• Conecte-se com o propósito maior da criação.

"A jornada de evolução é eterna, mas ela começa com o próximo passo."

A Mensagem Final

Jesus Cristo nos ensinou que viver de acordo com o propósito universal é a essência da existência. Ele é a prova viva de que o amor e a compaixão são as ferramentas mais poderosas para transformar o mundo.

Agora, cabe a você continuar essa história. Este livro é apenas uma semente; a colheita depende das suas escolhas. Use essa verdade para criar um mundo onde a evolução não seja apenas um ideal, mas uma realidade.

"Você é parte de um plano maior. Viva com propósito. Evolua. Construa. E nunca se esqueça: a jornada continua."

Agradecimento ao Leitor

"Obrigado por embarcar nesta jornada comigo. Que as palavras deste livro sejam uma inspiração para sua vida e um guia para o seu propósito. Que você encontre na ciência, na lógica e na espiritualidade as respostas que busca. E que, acima de tudo, você siga a direção que Jesus nos deixou. Que o futuro que você constrói seja pleno, conectado e eterno."

Referências

"As fontes a seguir foram utilizadas como base para este estudo, garantindo o rigor científico e a conexão com fatos históricos e espirituais que embasam esta obra."

1. Estudos Históricos e Arqueológicos

1. Manuscritos do Mar Morto

• Biblioteca Digital Israelense. Os Manuscritos do Mar Morto: Textos Essenciais. Disponível em: https://www.deadseascrolls.org.il

2. Flávio Josefo - Historiador Judeu (37–100 d.C.)

• Josefo, Flávio. Antiguidades Judaicas (Livro XVIII, Capítulo 3, Parágrafo 3). Tradução clássica para inglês.

3. O Sudário de Turim

• Fanti, G., & Malfi, P. The Shroud of Turin: First Century After Christ! PANSTUDIO Editore, 2014.

• Journal of Imaging Science. Scientific Tests on the Shroud of Turin. Disponível em: www.shroud.com

4. Tácito - Historiador Romano (56–120 d.C.)

• Tácito, Cornélio. Anais. Livro XV, Capítulo 44.

2. Estudos Científicos sobre Oração e Perdão

1. Impacto da Oração na Saúde Mental:

• Levin, J. "The Power of Prayer on Mental and Physical Health," em Research on Aging, vol. 22, 2000.

• Harvard Medical School. "Spirituality and Health: The Role of Prayer," 2018. Disponível em: https://www.health.harvard.edu

2. Estudos sobre o Perdão:

• Worthington, E. L., & Scherer, M. "Forgiveness is a Science: Psychological Benefits of Forgiveness." Journal of Behavioral Medicine, 2004.

• American Psychological Association (APA). "The Psychological Impact of Forgiveness." Disponível em: https://www.apa.org.

3. Fontes Bíblicas

1. Bíblia Sagrada (Traduções clássicas):

• Almeida, J. F. Tradução de João Ferreira de Almeida - Revista e Atualizada. Sociedade Bíblica do Brasil.

• Passagens citadas: Mateus 6:9-13 (Oração do Pai Nosso), João 14:6 (Jesus como caminho), Lucas 23:34 (O Perdão).

4. Inteligência Artificial e Experimentação

1. O Pai Nosso em Aramaico:

• Experimento conduzido pelo autor utilizando ChatGPT para recitação do Pai Nosso na língua original de Jesus, o aramaico.

• Observação: O som foi comparado com orações espirituais vivenciadas pessoalmente.

2. Uso da Inteligência Artificial como Ferramenta de Pesquisa:

• OpenAI. "A aplicação da IA para análise de textos históricos e culturais." Documentação disponível em: https://openai.com/research

5. Estudos sobre Evolução Humana e Propósito Universal

1. Teilhard de Chardin, P. O Fenômeno Humano. Editora Cultrix, 1999.

• Discussão sobre a conexão entre espiritualidade e evolução humana.

2. Barrow, J. D., & Tipler, F. J. The Anthropic Cosmological Principle. Oxford University Press, 1986.

• Estudo sobre a evolução do universo e o propósito da existência.

3. Hawking, S. Uma Breve História do Tempo. Editora Intrínseca, 2009.

• Reflexões sobre a conexão entre ciência e a origem da vida.

6. Fontes Complementares

1.Estudos Sociológicos:

• Stark, R. The Rise of Christianity. HarperCollins, 1996.

• Explicação sobre a propagação dos ensinamentos de Jesus no século I.

2. Neurociência da Empatia e Amor ao Próximo:

• Decety, J., & Jackson, P. L. "The Functional Architecture of Empathy," em Behavioral and Cognitive Neuroscience Reviews, 2004.

3. Simulação de Propagação Cultural:

• Oxford University. "The Spread of Early Christianity Using Cultural Simulation Models." Estudos de 2012.

Nota Final ao Leitor

"As referências acima foram cuidadosamente selecionadas para fortalecer a base deste estudo. Ao combiná-las com experiências práticas e reflexões pessoais, este livro buscou oferecer uma visão completa, científica e espiritual sobre a existência de Jesus Cristo e seu impacto universal."

Agradecimentos

A conclusão deste livro não seria possível sem o amor, a inspiração e o apoio daqueles que são pilares em minha vida.

Aos meus pais,
Obrigado por terem me criado com ensinamentos de fé, amor e valores que moldaram quem sou. A educação que vocês me deram plantou as sementes que hoje florescem neste livro. A fé que vocês me transmitiram é a bússola que sempre guiou meus passos.

À minha esposa,
Por estar ao meu lado em cada momento, acreditando em mim, mesmo nos dias mais desafiadores. Seu apoio incondicional me deu forças para nunca desistir e transformar esta ideia em realidade.

Ao meu filho,
Você é a minha maior inspiração para evoluir e construir um futuro melhor. Que este livro seja um legado para você, mostrando que a fé e o conhecimento caminham juntos e nos levam sempre adiante.

- Pedro Maschietto
pedromaschietto@icloud.com

www.ingramcontent.com/pod-product-compliance
Lightning Source LLC
Chambersburg PA
CBHW061314250726

48653CB00002B/936